RÉCLAMATIONS

DE M. B.^{MY} FÉDON.

RÉCLAMATIONS

DE M. B.^{MY} FÉDON

CONTRE UN OUVRAGE INTITULÉ :

Campagnes des Français à Saint-Domingue, et Réfutation des Reproches faits au Capitaine-Général Rochambeau.

A PARIS,

DE L'IMPRIMERIE DE BRASSEUR AINÉ.

MDCCCV, 1er DE L'EMPIRE.

RÉCLAMATIONS

DE M. B.^{MY} FÉDON

CONTRE UN OUVRAGE INTITULÉ:

Campagnes des Français à Saint-Domingue, et Réfutation des Reproches faits au Capitaine - Général ROCHAMBEAU.

———

FIXÉ à Paris depuis neuf mois, à l'effet de poursuivre le Capitaine-Général Rochambeau, que j'accuse d'avoir assassiné mon frère à Saint-Domingue, j'attendais, dans un douloureux silence, le jour de la justice, quand j'ai vu paraître une brochure ayant pour titre : *Campagnes des Français à Saint - Domingue , et Réfutation des Reproches faits au Capitaine-Général Rochambeau.*

Quelle a été ma surprise et mon affliction profonde , en reconnaissant que cette prétendue Relation des Campagnes des Français à Saint-Domingue n'est qu'un moyen adroit employé pour répandre dans le public , sous un titre captieux , un factum , souvent mensonger, dans le dessein d'atténuer les crimes d'un mandataire infidèle !

Par respect pour la Haute Cour impériale qui a reçu ma plainte , je n'aurais pas rompu le silence , si tous les détails relatifs à l'assassinat de mon frère n'eussent été indignement tronqués et défigurés dans ce libelle ; si mon nom n'y eût été livré à l'opprobre , puisqu'on semble m'accuser de n'avoir pas employé tous les moyens possibles pour arrêter l'exécution d'un crime que je n'avais pu prévoir , que mes prières , mes démarches , et celles de toute une ville ne purent même suspendre de quelques minutes.

L'espèce de mort civile dont l'homme que j'accuse , prisonnier en Angleterre , se trouve en ce moment frappé , m'avait encore engagé à contenir l'explosion de ma douleur :

(7)

mais lorsque, malgré ma résignation, celle de ma famille, l'indignation profonde et concentrée des places commerçantes de l'Empire, et l'austère voix de la justice demandant vengeance du sang innocent qui a été répandu, la mémoire de mon infortuné frère et mon nom sont en proie à la calomnie, puis-je me taire plus long-tems sans me rendre coupable d'une insigne lâcheté, sans devenir indigne de me présenter devant l'auguste Tribunal dont j'invoque en ce moment l'appui?

Il faut donc, et je vais remplir cette tâche pénible, que je mette sous les yeux du public le tableau des circonstances véritables qui ont précédé, accompagné et suivi l'assassinat de Jean-Baptiste Fédon, mon malheureux frère, qui, *sans motif, sans jugement,* a été fusillé, à l'âge de vingt-neuf ans, après avoir quelques instans marqué dans la société par les qualités qui distinguent l'homme sensible, le négociant instruit, courageux, et véritablement ami de sa patrie.

FAITS RÉELS, et tels qu'ils ont été extraits de ma plainte présentée à la Haute Cour Impériale.

Jean-Baptiste Fédon, mon frère, et moi Barthélemy exercions, en société, le commerce au Cap-Français, île Saint-Domingue.

Le 2 brumaire an 12, un officier de gendarmerie, suivi de deux soldats, nous notifie un ordre du général en chef Rochambeau, en date du premier brumaire, qui nous enjoint de verser, sous deux heures, dans la caisse du trésor de l'armée la somme de 6,000 gourdes (ou 33 mille francs.)

Nous n'avions pas cette somme à notre disposition. Les seuls moyens que nous eussions de déférer à cet ordre étaient ceux que nous présentait la vente de quelques marchandises de nos magasins. J'écris sur-le-champ aux notables de la ville du Cap une lettre par laquelle *je les prie de disposer de toutes les marchandises , meubles et immeubles que Jean-Baptiste , mon frère , et moi possédions dans la ville , pour que le produit de la vente en fût versé dans la caisse du trésor de l'armée.*

Peu d'heures après, moi Barthélemy suis enlevé de chez moi et emprisonné : mais mon malheureux frère était la victime désignée ; il est bientôt saisi, constitué prisonnier, *mis au secret,* et je suis élargi.

Le lendemain, 3 brumaire, un ordre de l'adjudant - commandant Néraud, expédié d'après ceux du général en chef, enjoint au chef d'escadron de la gendarmerie, Collet, *de faire fusiller Fédon, négociant au Cap.*

Éperdu de douleur, je cours à l'Hôtel-de-Ville; je supplie, je conjure les notables de se joindre à moi pour solliciter la révocation de l'ordre fatal. Un certificat dont je suis porteur atteste que, *par un mouvement spontané, les notables et tous les habitans se sont réunis pour solliciter l'ordre de révocation.* Les notables se rendent chez le général en chef Rochambeau : ils mettent sous ses yeux l'abandon fait par nous de tous nos biens, et sollicitent un délai pour que la vente puisse en être faite. Le général paraît y consentir; mais il exige par écrit le cautionnement de tous les membres de la commune , c'est àdire du conseil des notables ; accorde une heure pour en rapporter l'acte, et ordonne à un sergent de sa garde, *porteur de l'ordre d'exécution,* d'accompagner les membres de la commune, et de ne pas les quitter pendant ce délai.

Tous retournent à l'Hôtel-de-Ville. L'acte de cautionnement est rédigé, signé des notables : vingt négocians des plus recommandables du Cap accourent, et joignent leurs signatures à celles des membres du conseil.

L'heure fatale n'était pas expirée : je retourne, avec les membres du conseil et le sergent, à l'hôtel du général Rochambeau. Il refuse de nous recevoir.... on nous annonce qu'il n'est plus tems... Et en effet, pendant que les membres du conseil, tous les signataires de l'acte de cautionnement et moi, rassurés par la présence du sergent porteur de l'ordre d'exécution, (1) nous nous livrions, sur

----

(1) Le défenseur de M. Rochambeau rapporte ce second ordre en ces termes : *Si dans une heure les six mille gourdes ne sont pas versées au trésor, le citoyen*

la foi du général, à une trompeuse sécurité, un second ordre d'exécution avait été donné ; (1) et Jean-Baptiste Fédon , conduit par un sentier détourné au pied du fort Bel - Air , y avait été fusillé ! ! !

Ici les réflexions sont inutiles.

Quel était le délit de Jean-Baptiste Fédon ?

Comment en a-t-il été convaincu ?

Qui l'a jugé ?

Où est le jugement ?

Le même jour, 3 brumaire, à trois heures de relevée, le président du tribunal de première instance, à la réquisition du commissaire du gouvernement, d'après les ordres du général en chef, consignés dans sa lettre du même jour, et d'après la lettre du grand juge par intérim, qui recommandait la plus prompte exécution , appose le scellé, avec description des meubles, effets et marchandises qui peuvent appartenir à Jean-Baptiste Fédon , mon frère ,

---

Fédon sera fusillé , conformément aux ordres du général en chef. Signé NÉRAUD.

(1) Ou du moins l'on avait eu la barbarie de ne pas révoquer le premier.

chez lequel aucunes espèces métalliques ne furent trouvées.

Cette apposition de scellés se faisait avant même que la mort de mon frère fût constatée d'une manière légale.

Ce ne fut que quatre jours après que cet acte fut rédigé.

Cependant l'ordonnateur général Perroud, qui avait été présent à l'apposition des scellés, avait rempli toute sa mission : il avait fait verser dans les magasins de l'état les meubles et effets trouvés dans notre maison, et en avait informé le général Boyer, chef de l'état-major général.

Témoin de l'assassinat de mon frère, et dépouillé de tous mes biens, je sollicite vainement un passeport pour m'éloigner de cette malheureuse colonie ; trois fois ce passeport m'est refusé. Je m'enfuis à la Havane ; j'y dépose, entre les mains de l'agent du Gouvernement français dans cette colonie alliée, la déclaration de tous les faits qui précèdent ; je consigne entre les mains de ce fonctionnaire *mes protestations contre l'acte arbitraire dont mon frère a été la victime, et les réserves d'en poursuivre les fauteurs* aussitôt que les circonstances me permettront d'en atteindre l'auteur.

Tels sont les faits réels et dénués de réflexions.

Je vais remettre sous les yeux du public ces mêmes faits, tels que l'auteur de la brochure a cru devoir les altérer, les peindre et les dénaturer pour tenter de sauver au général Rochambeau l'odieux de cette action criminelle, et les terribles conséquences qu'elle attirera bientôt sur sa tête.

Extrait de la brochure, page 121 et suivantes.

VIe REPROCHE.

Emprunt forcé au Cap. — M. Fédon fusillé.

« Il était dû cinq mois de solde à l'armée, etc. . .

. . . .

. . . .

« Il fallait de l'argent, etc. . . . .

« Le capitaine-général ordonna *un emprunt forcé*
« *de huit cent mille francs.* Pour rendre la répar-
« tition plus facile entre les habitans de la ville,

« il en taxa huit, *qui passaient pour millionnaires*, à
« trente-trois mille francs chacun. Il chargea les
« notables de fixer la contribution des autres. La
« non exécution de la part des premiers entraînait,
« annonça-t-on, la peine de mort. MM. Fédon,
« Brassier, Hardivilliers, Allard et Wantron oppo-
« sèrent des difficultés : ils furent conduits en
« prison. Les autres satisfirent à l'emprunt.

« Le général en chef en taxant ces huit per-
« sonnes n'entendait pas agir arbitrairement : ce
« qui le prouve, c'est qu'ayant été constaté que
« M. Wantron, l'un de ceux imposés à trente-trois
« mille francs, jouissait de plus de réputation que
« de richesse, le capitaine-général lui rendit la li-
« berté. MM. Brassier, Hardivilliers et Allard
« payèrent.

« Ce n'était pas une contribution de guerre, ni
« même un emprunt, mais un échange de valeur
« réelle contre valeur réelle, qui sauvait aux parti-
« culiers une partie de leur fortune; c'était échanger
« enfin des écus contre des récépissés négociables
« sur le trésor national. Il est rare à Saint - Do-
« mingue que le *capitaliste millionnaire* ne soit
« égoïste : sa patrie est son coffre. Il a été prouvé,
« par les divers régimes sous lesquels la colonie a été
« asservie, que peu lui importe qui commande,

« pourvu qu'il augmente son trésor. Le capitaine-
« général avait défendu l'exportation du numé-
« raire, parce que les Anglais en dépouillaient ceux
« qui l'emportaient, et que le défaut de circulation
« aggravait les maux. Les *riches* préférèrent courir
« le risque que leurs écus fussent pris, à l'employer
« aux besoins de l'armée.

« M. Fédon, principal intéressé à l'entreprise
« des transports militaires, fut fusillé le 3 bru-
« maire, vers neuf heures du matin.

« Cette sanglante catastrophe avait sensiblement
« affecté les habitans et l'armée : elle doit être une
« leçon pour tous les hommes ; mais en pesant avec
« impartialité toutes les circonstances qui ont pré-
« cédé cette exécution, il est impossible de faire de
« cette mort un reproche au capitaine-général Ro-
« chambeau.

« M. Fédon, principal intéressé dans l'entre-
« prise des transports militaires, réclamait, con-
« jointement avec ses associés, à la charge du
« Gouvernement, pour solde de ce service, une
« somme de plus d'*un million*.

« Etait-il présumable que M. Fédon et ses asso-
« ciés ne pussent, par eux ou par leur crédit, prêter
« avec nantissement trente-trois mille francs pour

« les besoins d'une armée qui avait considérablement

« augmenté leur fortune ?

« D'autre part, le capitaine-général avait suspen-

« du l'exécution : pourquoi a-t-on outre-passé ses

« ordres ? Qui les a outre-passés ?

« L'ordonnateur Perroud demanda au capitaine-

« général une heure de répit à l'exécution, en an-

« nonçant que les notables s'obligeaient à payer,

« dans ce délai, pour M. Fédon. Le général en

« chef l'accorda. L'ordonnateur invita alors le com-

« mandant Néraud de *changer le premier ordre*, et de

« donner l'heure accordée. Ce second ordre fut déli-

« vré ainsi conçu :

« *Si dans une heure les six mille gourdes ne sont*

« *pas versées au trésor, le citoyen Fédon sera fu-*

« *sillé, conformément aux ordres du général en*

« *chef.*

« C'est l'adjudant-commandant Néraud, com-

« mandant de la place et de la garde d'honneur du

« général en chef, qui avait fixé l'heure du dé-

« part, celle de l'exécution, et la marche du dé-

« tachement de gendarmerie ; c'est lui qui avait

« remis à l'ordonnance l'ordre de suspendre pen-

« dant *une heure* l'exécution. Qui a prescrit à l'or-

« donnance d'accompagner les notables ? Pourquoi

« ce second ordre n'a-t-il pas été porté de suite au

« chef d'escadron Collet, commandant de la gen-
« darmerie, puisqu'il était porteur du premier pour
« faire fusiller M. Fédon, et qu'il était en marche
« avec le patient, pour se rendre au lieu du sup-
« plice? Il n'y avait que deux portées de fusil du
« palais du Gouvernement au lieu de l'exécution.
« Les notables et M. Fédon jeune étaient *au palais*
« lorsque l'ordre pour suspendre l'exécution pendant
« une heure a été délivré. Qui donc, on le répète,
« *a prescrit à l'ordonnance d'accompagner les no-*
« *tables?*

« MM. *Renouard* et *Stansant*, président et tréso-
« rier du conseil des notables, s'occupèrent, en
« sortant de chez le Capitaine-Général, de faire
« entre eux les 33 mille francs : ils se transportè-
« rent sans perdre de tems chez le commandant
« Néraud, avec l'ordonnance, pour lui annoncer
« que les fonds étaient faits. Qu'y apprirent-ils?
« Que M. Fédon était fusillé.

« Pourquoi le frère de M. Fédon, qui n'ignorait
« pas que le général en chef avait accordé un dé-
« lai à l'exécution, ne fut-il pas rendre l'espérance
« au patient, et le consoler, au lieu d'accompagner
« les notables? Pourquoi les notables ne firent-ils
« pas prévenir M. Collet?

« Il est pénible de s'appesantir sur cette cruelle
« catastrophe ; mais pourquoi M. Fédon jeune ne la
« prévint-il pas ? On ne peut se dissimuler que la
« situation était horrible, que son esprit devait être
« frappé de terreur, et son ame dans la stupeur ;
« mais il s'agissait de sauver un *frère*, et le moin-
« dre délai pouvait être fatal : ce qui est arrivé.

« La veille de l'exécution M. Fédon avait remis à
« son jeune frère une lettre pour les membres du
« conseil des notables : il lui demandait de lui
« avancer la somme à laquelle il était imposé. A
« quatre heures du soir de ce même jour M. Fédon
« jeune communiqua cette lettre à M. Dat, ex-
« entrepreneur des hôpitaux militaires, qui lui dit
« de la porter de suite à M. Renouard, président
« du conseil des notables, et s'obligea, par écrit,
« d'entrer pour un quart dans la somme à avan-
« cer.

« Si on doit en croire le conseil des notables, la
« lettre de M. Fédon n'a été remise à son prési-
« dent qu'à six heures du matin, environ trois
« heures avant l'exécution.

« Que d'inconséquences de la part de ceux qui
« pouvaient sauver M. Fédon ! »

Telle est la version mensongère que n'a
pas craint de substituer à la véritable le

défenseur officieux de M. Rochambeau. L'a-t-il fait par ignorance ou avec connaissance de cause ? Je m'abstiens de prononcer.

Je vais en démontrer la fausseté.

Je passe rapidement sur l'indécente légèreté avec laquelle cet article est écrit. L'auteur affecte de ne voir dans l'assassinat de mon frère qu'un évènement ordinaire et presque naturel ; il dédaigne, ou plutôt il n'ose approfondir si, quelque fût le besoin d'argent où se trouvait le Capitaine-Général, il avait le droit pour s'en procurer d'employer des moyens aussi atroces envers des négocians français, qui n'avaient pas craint d'associer leur fortune et leur vie aux efforts du Gouvernement dans son généreux projet de rétablir les colonies.

Ce chef fait un *emprunt forcé de* 800 *mille francs* sur le commerce du Cap ; il taxe lui-même notre maison à la somme de 33 mille francs, qu'il ordonne de verser dans le délai de deux heures, mais *sans menacer de mort,* quoique l'ait faussement avancé l'auteur du livre. Certes, mon frère, les autres négocians et moi étions loin de supposer même que l'idée d'une pareille menace pût jamais venir à celui qui était spécialement chargé de notre protection.

N'est-il pas étrange de dire, ainsi que l'avance l'auteur, qu'en prenant une telle mesure le général en chef *n'entendait pas agir arbitrairement ?*

Quoi ! fondre à l'improviste chez des négocians paisibles avec l'appareil militaire, faire à chacun d'eux un emprunt forcé de 33 mille francs, ne donner que deux heures pour le remplir, faire incarcérer ceux qui ne peuvent y satisfaire, en faire mettre d'autres au secret, comme pour leur ravir jusqu'à la faculté d'emprunter eux-mêmes, ou de vendre leurs marchandises pour obéir à la réquisition qui leur est faite, n'est pas agir arbitrairement ! Si de pareilles mesures sont légitimes, où commencera donc l'arbitraire, et que deviennent désormais les notions du juste et de l'injuste ? (1)

---

(1) La preuve donnée par l'auteur que le général Rochambeau n'a pas entendu agir arbitrairement est aussi ridicule que mal-adroite ; car M. Wantron

Fidèle à son système de donner aux termes une acception opposée à leur sens naturel, cet auteur prétend que l'ordre de verser 6ooo gourdes en espèces, dans le délai de deux heures, *n'est pas une contribution, pas même un emprunt* (tandis qu'il est réduit lui-même à donner à son chapitre sur cette opération le titre d'*Emprunt Forcé*). Mais si ce n'était ni un emprunt, ni une contribution, quel nom donner donc à une parcille mesure ? Je n'ose le prononcer !..... *C'est,* ajoute-t-il, *un échange de valeur réelle contre valeur réelle, qui sauvait aux particuliers une partie de leur fortune.* Quelle cruelle dérision ! et, je le demande à tout homme im-

---

n'a été relâché qu'après l'assassinat de mon frère, et lorsqu'on a été contraint de céder à l'opinion publique. Cet élargissement, commandé par la politique et la nécessité, ne peut donc être cité comme un acte de modération. Quant à M. Allard, il est devenu fou des suites d'une arrestation aussi arbitraire qu'imprévue, et est allé mourir à Philadelphie dans un état complet d'aliénation. L'auteur de la brochure, en s'appesantissant sur ces noms, n'a-t-il pas senti qu'il accusait encore plus directement M. Rochambeau ?

partial, l'auteur n'a-t-il pas eu en vue, après avoir indignement persifflé des négocians, à qui on enlevait leurs dernières ressources, de rendre encore suspect au Gouvernement ces mêmes hommes qui lui avaient consacré leurs propriétés et leur vie?

L'auteur se répand ensuite, contre le commerce en général, en injures vagues et grossières, dont le public saura bien faire justice, et que je ne veux pas même relever.

Il s'efforce de faire entendre aussi que M. Fédon a été fusillé *comme principal intéressé à l'entreprise des transports militaires.*

C'était la maison Dalté et compagnie qui avait eu l'entreprise des transports militaires. Mon frère avait été l'un des intéressés à cette entreprise : mais, à l'époque de la catastrophe, la maison Dalté n'était plus chargée de ce service; il y avait deux mois que le général Rochambeau l'avait retiré, *de son autorité privée et sans aucunes formes,* à cette maison, pour le confier à l'une de ses créatures, qui n'avait aucun des ustensiles et mobiliers nécessaires à ce service. Il ne faut donc pas donner le change au public, et lui insinuer *que c'est en qualité d'intéressé à l'entreprise des transports militaires que mon frère a été fusillé.* Le général en chef le savait si bien, que l'ordre pour l'exécution de ce crime horrible est ainsi conçu : LE CHEF D'ESCADRON COLLET FERA FUSILER FÉDON, NÉGOCIANT AU CAP. Dans cet ordre, laconiquement atroce, mon frère n'est donc désigné que comme *negociant*, et non comme l'un des intéressés à l'entreprise des transports militaires.

L'auteur ne peut dissimuler ici que *cette sanglante catastrophe avait sensiblement affecté les habitans et l'armée.* Oui, cet épouvantable assassinat avait en effet contristé les citoyens et les militaires! (1) il donnait l'effrayante mesure de l'immoralité du Capitaine-Général : chacun ressentait dans son cœur le coup des balles homicides dont on venait de cribler celui de mon malheureux frère; et la stupeur dont la ville fut frappée in

---

(1) On apprendra avec intérêt que quelques-uns d'entre ces derniers refusèrent de recevoir leurs appointemens, en disant avec noblesse qu'il leur répugnait d'être payés avec de l'argent qui avait coûté la vie à un citoyen innocent.

diquait assez qu'il fallait désormais s'attendre
à tout de la part d'un chef qui , foulant aux
pieds les lois et ses instructions , s'abandon-
nait tout entier aux seules convulsions de son
délire. Mais comment, après cet aveu échappé
à l'auteur qui s'est écrié qu'elle doit être une
leçon pour tous les hommes , (et c'est sans
doute *pour tous les hommes puissans* qu'il
a voulu dire) ose-t-il ajouter de sang froid
qu'en pesant avec impartialité les circonstances qui ont précédé cette exécution , *il
est impossible de faire de cette mort un
reproche au Capitaine-Général Rochambeau ?*

Quoi ! peut-il se trouver des circonstances
quelconques qui excusent un chef d'ordonner
la mort d'un citoyen sans constater son pré-
tendu délit, sans l'entendre, sans le juger ! Eh !
qui peut jamais espérer de légitimer un pareil
forfait ! Ajouter d'autres réflexions sur cette
étrange assertion de l'auteur serait insulter à
la justice même.

Si la compagnie Dalté réclamait le solde
des avances qu'elle avait faites , le défenseur du Capitaine - Général ne prouve-t-il
pas lui-même que la presque totalité des ressources de M. Fédon se trouvait alors entre les

mains du Gouvernement , dans lequel il avait mis toute sa confiance, et était-il extraordinaire qu'il n'eût pas 6000 gourdes à la minute même où les demandait le général en chef? (1) était-il extraordinaire qu'il lui fût extrêmement difficile de se les procurer dans un délai même beaucoup plus long que celui de deux heures , puisque les autres négocians chez lesquels il aurait pu trouver cette ressource , frappés eux - mêmes d'une semblable réquisition , étaient obligés de livrer le peu de *numéraire* qu'ils possédaient?

Comment , d'un autre côté , M. Rochambeau a-t-il pu si promptement oublier le dévouement généreux de notre maison , qui a toujours tenu ses magasins ouverts aux besoins de l'armée, et à laquelle il est encore dû plus de 5o mille francs pour les différentes mar-

---

(1) Nous n'avions pas 3oo gourdes disponibles quand la réquisition nous fut faite. Il n'est personne qui ignore que quand on a des créances aussi considérables sur le Gouvernement , c'est après avoir épuisé ses ressources personnelles et contracté des dettes immenses.

chandises que ses garde-magasins y sont venus puiser ?

Enfin, parce que mon frère ne pouvait réaliser sur-le-champ la somme qui lui était demandée, y avait-il matière à le faire emprisonner au secret (1), à le faire fusiller sans procès, sans interrogatoire et sans jugement ?

« D'autre part, continue l'auteur, le Capi-
« taine-Général avait suspendu l'exécution :
« pourquoi a-t-on outre-passé ses ordres ?
« qui les a outre-passés ? »

Questions bien étranges sans doute de la part d'un homme qui se charge de justifier M. Rochambeau ! Eh ! n'est-ce pas à moi à demander : Pourquoi M. Rochambeau a-t-il donné primitivement cet ordre illégal et coupable ? a-t-il ensuite donné un ordre de suspension ? en quelles mains l'a-t-il remis ?

Que l'on ait ou non outre-passé ses ordres, en est-il moins coupable de les avoir donnés ?

Mais non, il m'est permis de croire que personne n'a outre-passé les ordres de ce

____

(1) Les autres négocians n'y furent pas mis.

Capitaine - Général, que personne n'eût osé le faire, que personne n'avait intérêt à massacrer impitoyablement mon frère, et que l'on n'a obéi qu'en gémissant à l'ordre criminel du Capitaine-Général.

Si dans sa fureur il n'eût pas résolu la mort de mon frère, pourquoi, dès l'instant où les notables venaient de s'obliger à payer pour lui dans le délai d'une heure, cet infortuné fut-il conduit par un chemin détourné au lieu de son supplice ? pourquoi s'est-il borné à ordonner au sergent porteur de son ordre d'exécution de ne pas quitter ces mêmes notables ? pourquoi, lorsque ces mêmes notables, le sergent et moi retournâmes à l'hôtel de M. Rochambeau avant l'expiration même de l'heure fatale, ne voulut-il plus nous recevoir, en nous faisant annoncer qu'il n'était plus tems ? (1)

Quant à la lettre que mon frère écrivait aux notables, comme elle ne paraissait pas exprimer un abandon assez absolu de nos propriétés, on me conseilla d'en rédiger une mieux motivée. Je le fis sur-le-champ, et

----

(1) L'auteur semble me reprocher de n'avoir pas été rendre l'espérance au *patient*, et demande pour-

cette lettre fut remise à six heures du soir à la Commune. En ce moment il n'avait été fait aucune menace de mort, ni moins encore été donné aucun ordre de fusiller.

Que signifie donc maintenant l'exclama-

---

quoi le conseil des notables ne fit pas prévenir le commandant de la gendarmerie.

Mais quels étaient mes moyens de pénétrer jusqu'au *patient* que je présumais être encore au secret? comment aurais-je pu quitter une opération aussi essentielle que celle du cautionnement, et pour laquelle le terme d'une heure était fatal, opération que ma présence et mes prières pouvaient seules activer? D'ailleurs la suspension accordée était connue de toute la ville; si l'on eût conduit mon frère par la rue Espagnole, chemin ordinaire où passaient les condamnés à la mort, plusieurs de nos amis qui s'y trouvaient n'eussent pas manqué, dans leur sollicitude, de m'en prévenir. M'était-il permis de prévoir que le Capitaine-Général n'avait pas contre-mandé son premier ordre, et que même, dans ce cas, l'on conduirait mon malheureux frère au lieu de son supplice par un chemin détourné et inusité?

Oui, certes, mon *ame était dans une situation horrible!* mais le besoin de sauver un tendre ami, un

tion si inconsidérée de l'auteur quand il s'écrie : *Que d'inconséquences de la part de ceux qui pouvaient sauver M. Fédon !*

Mais qui donc pouvait le sauver, si ce n'est celui qui avait ordonné sa mort ? et au

---

frère dominait en moi tous les autres sentimens, et je m'occupais avec l'ardeur la plus vive de l'objet capital aux yeux du général Rochambeau, de l'objet qui, je le croyais, pouvait seul sauver mon frère; de la réunion des trente-trois mille francs *dans le délai d'une heure.*

Etait-ce au conseil des notables d'ailleurs à donner des ordres à la troupe ? Ne sait-on pas qu'il était à cet égard sans caractère et sans pouvoir? Que pouvait ce Conseil dans ce fatal moment, sinon remplir sa promesse ? et c'est aussi ce qu'il faisait avec zèle et humanité.

Quel a donc pu être l'espoir de l'auteur en insinuant que je pouvais encore sauver mon frère, et que si mon cœur est exempt de reproches, j'ai au moins manqué de présence d'esprit en ce moment affreux? Non, mon cœur et mes démarches étaient parfaitement d'accord ; mais aucun de nous ne s'attendait et ne pouvait s'attendre à être aussi indignement trompé !

lieu de dire *que d'inconséquences* , n'a-t-on
pas le droit de s'écrier : quelle cruauté réflé-
chie ! quelle férocité de la part du mandataire qui seul pouvait et devait sauver mon
frère , qui l'avait promis, et qui l'a fait impitoyablement massacrer !

Telles sont les réclamations que j'ai dû
faire contre cet ouvrage, qui, sous aucun rap-
port , ne pallie ni n'atténue le crime dont
M. Rochambeau s'est rendu coupable. Le
délit reste en entier et les altérations hasar-
dées dans l'écrit de son défenseur ne servent
qu'à en prouver la gravité.

En effet, il n'en demeure pas moins constant
que ce Capitaine-Général , que ce délégué
immédiat de la puissance souveraine a eu la
lâcheté , lorsqu'il disposait de toutes les forces
d'une colonie, de faire égorger un citoyen
paisible et désarmé.

Il n'en demeure pas moins constant que ce
Capitaine-Général a fait assassiner mon frère
sans motif et sans jugement , aux yeux de
tout un peuple qui sollicitait sa justice,
et malgré toutes les satisfactions qu'on lui
offrait.

Que ce mandataire infidèle n'est pas seulement coupable d'assassinat, mais encore de haute trahison et de forfaiture.

Qu'il a trahi la confiance de la Nation et de son auguste Souverain.

En un mot, que ce Capitaine - Général a encouru les peines portées par les articles 633 et 612 de la loi du 3 brumaire an 4.

J'ai eu recours à la Haute-Cour impériale pour qu'on en fît un jour l'application à ce grand coupable ; je me suis adressé à ce Tribunal auguste placé près du Trône pour être le constant appui, l'éternel espoir du faible et du malheureux ; à cette Cour vengeresse des attentats de l'homme constitué en dignité, qui oserait tourner contre les citoyens cette autorité que le Prince ne lui confie que pour le bonheur de ses peuples.

J'ai remis ma plainte entre les mains de son grand Procureur général, de ce magistrat régulateur et premier juge de toutes les réclamations du faible contre le fort, et dépositaire de toutes les plaintes, de tous les vœux, de toutes les espérances des opprimés. C'est dans le sein de ce magistrat supérieur que j'ai déposé mes justes réclamations avec la confiance respectueuse qui lui est due.

Quelque atroce qu'ait été la conduite du général Rochambeau à l'égard de mon frère, je ne provoque point encore contre lui un jugement de condamnation.

Il est éloigné de la France par une force supérieure.

Il est prisonnier de guerre en Angleterre.

Mais cette circonstance ne doit pas être un obstacle à l'instruction de la procédure; elle ne peut le soustraire à la juste vengeance des lois.

Notre législation ne permet pas que l'absence empêche *l'instruction criminelle*, parce qu'elle ne veut pas que les preuves dépérissent, que la loi se désarme d'elle-même, et que l'absence assure à jamais l'impunité des plus grands crimes.

Mânes de mon frère, Vindicte publique, de quelque autorité qu'ait été investi l'homme que j'accuse, vous serez satisfaits! Ce n'est pas en vain que j'aurai imploré la justice du Monarque et la protection des Lois.

BARTHÉLEMY GÉDON.

Paris, ce 17 messidor an

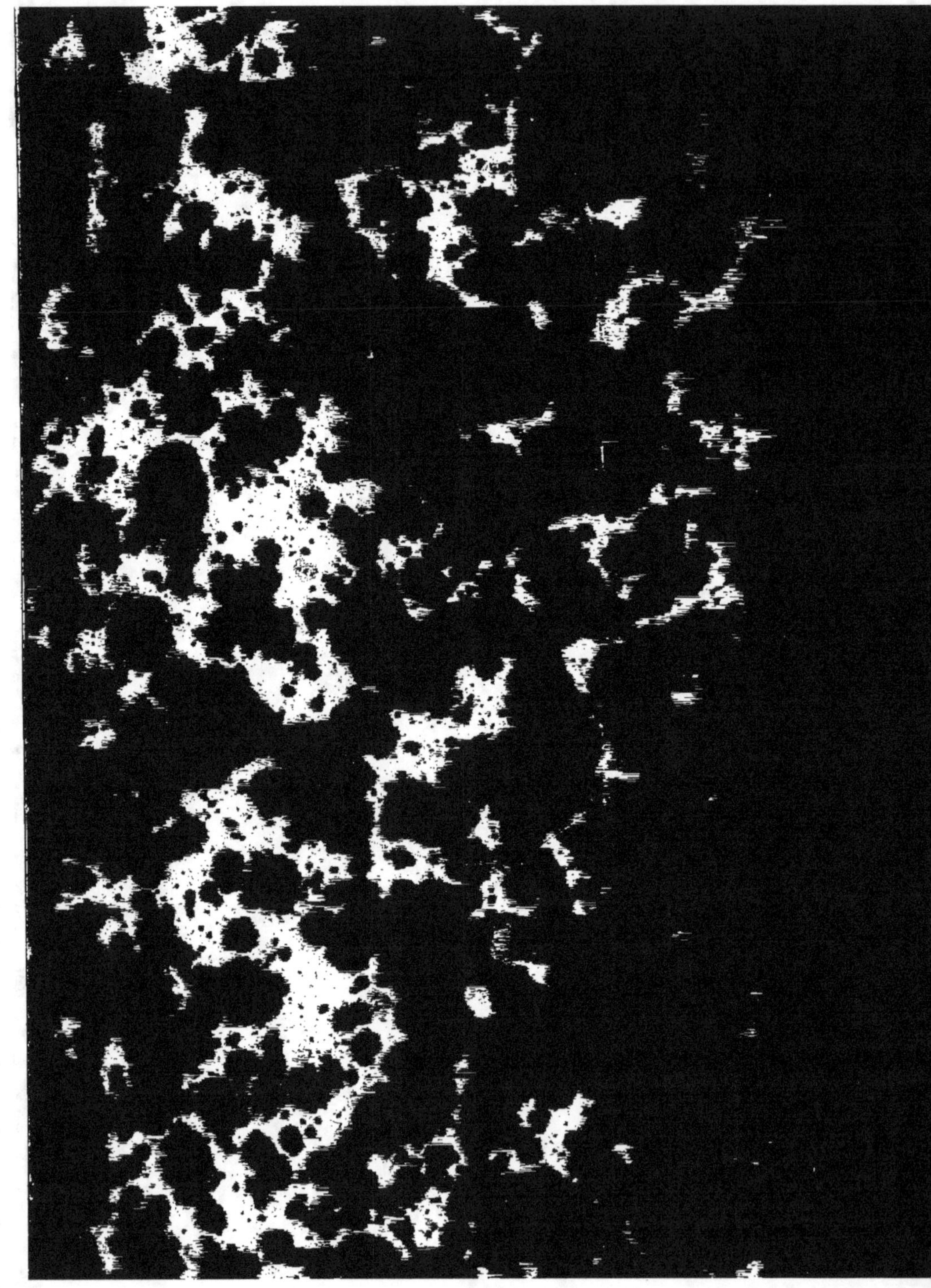